# NOTES
## SUR L'ORGANISATION
### DES
# TRIBUNAUX DE POLICE

PARIS. — IMPRIMERIE DE J. CLAYE
RUE SAINT-BENOIT, 7

# NOTES

## SUR L'ORGANISATION

DES

# TRIBUNAUX DE POLICE

## A LONDRES

PAR GEORGES PICOT

AVOCAT A LA COUR IMPÉRIALE DE PARIS

PARIS

COTILLON, LIBRAIRE DU CONSEIL D'ÉTAT

AU COIN DE LA RUE SOUFFLOT, 23

Décembre 1862.

C'est après avoir suivi, dans le cours de cette année, à deux époques différentes, les audiences des magistrats de police de Londres que ces notes ont été recueillies. Elles n'étaient pas destinées à être publiées; mais les questions qui s'agitent en ce moment pouvant leur donner quelque intérêt, on les livre à l'impression sans rien changer à leur rédaction première, et tout en reconnaissant combien elles auraient besoin d'être complétées.

21 décembre 1862.

# NOTES

## SUR L'ORGANISATION

DES

# TRIBUNAUX DE POLICE

## A LONDRES

---

Depuis plusieurs années les études des jurisconsultes, et récemment l'initiative du chef de la magistrature, ont mis à l'ordre du jour la recherche des moyens d'abréger la détention préventive : l'accélération des procédures correctionnelles est devenue le but du législateur. La pensée devait naturellement se tourner vers l'Angleterre, qui voyait fonctionner depuis trente ans une institution que le temps sanctionnait au milieu d'une popularité croissante. La comparaison ne pouvait être inutile; l'Angleterre, malgré les leçons qu'elle a à recevoir de nous pour la rapidité et l'économie de sa justice civile, doit être en matière criminelle un salutaire exemple pour le législateur français. Par leur simplicité, leur promptitude, leur esprit de justice, la sécurité qu'elles assurent à l'innocent, leurs lois criminelles sont dignes sinon d'une admiration absolue, du moins d'une sérieuse étude et d'une méditation constante.

Nous voulons retracer ici, à un point de vue tout pratique, en laissant de côté les principes et les réflexions qu'ils suggèrent, *la marche de la procédure sommaire dans Londres.* Nous verrons d'après quelles règles un Anglais peut être arrêté, détenu, jugé et condamné; nous exposerons plutôt une suite de souvenirs qu'un ensemble de textes, ce qui se fait chaque jour plutôt que la procédure organisée par la loi. C'est une étude faite sur place, mais qui, malgré cela, s'appuie sur les actes du Parlement, les statistiques judiciaires et les documents officiels que nous avons sous les yeux.

Il y a trente ans, on ne connaissait en Angleterre que le jugement par jurés; un verdict seul pouvait déclarer la culpabilité du citoyen, le mettre hors du droit commun et lui infliger une peine corporelle. Ces garanties semblaient tellement essentielles à la liberté, que nul n'eût osé proposer la réforme d'un système légué par la tradition, et auquel s'attachait l'orgueil national. Mais le temps, amenant avec lui des besoins nouveaux, devait ébranler les convictions les plus fermes. L'augmentation inconnue jusqu'à ce jour des centres industriels, un peuple tout entier se pressant autour d'une capitale et multipliant dans une prodigieuse agglomération les vices des grandes villes, une police vigilante facilitant la découverte des délits et accroissant ainsi les nécessités d'une répression rapide, devaient modifier les anciennes opinions et amener les esprits à proposer une réforme. C'est ainsi que, grâce à l'initiative de sir Robert Peel et par la force des choses, s'étendit la compétence des magistats de police, véritables juges de paix si leurs fonctions étaient gratuites, mais entièrement assimilés à ceux-ci pour la juridiction et la procédure [1].

L'organisation des tribunaux de police est très-simple : il y en a onze dans la ville de Londres; la Cité en compte deux. La circonscription de ces tribunaux n'est pas fixée; la compétence est presque toujours déterminée par la proximité du lieu de l'arrestation.

VILLE DE LONDRES

(METROPOLIS).

1. Bow-Street.
2. Clerkenwell.
3. Great-Marlborough Street.
4. Greenwich and Woolwich.
5. Hammersmith and Wandsworth.
6. Lambeth.
7. Marylebone.
8. Southwark.
9. Thames.
10. Westminster.
11. Worship Street.

CITÉ.

1. Mansion-House.
2. Guild-Hall.

1. Les fonctions de juge de paix dans les comtés sont absolument gratuites; les magistrats de police qui remplissent dans les grandes villes toutes les attributions judiciaires des juges de paix, étant choisis parmi les avocats les plus occupés, doivent recevoir une compensation pécuniaire pour la profession qu'ils abandonnent.

Pour faire une enquête ou pour rendre une décision judiciaire, les juges de paix doivent toujours être deux, tandis que les magistrats de police peuvent siéger seuls.

Ces onze tribunaux de police (*metropolitan police courts*) sont placés dans les attributions du ministère de l'intérieur. Les audiences sont tenues par un magistrat (*police magistrate*) que le ministre choisit parmi les avocats qui ont au moins sept années d'exercice. Chaque tribunal compte deux magistrats : celui de Bow-Street en possède trois, parce que le premier magistrat (*chief magistrate*) le préside. De tout Londres, c'est le tribunal qui juge le plus d'affaires, le quartier qui l'entoure étant un des plus populeux. Ces tribunaux siégent tous les jours, mais il y a un roulement qui permet au magistrat de ne jamais tenir l'audience deux jours de suite. En effet, le magistrat devant être en permanence depuis dix heures du matin jusqu'à cinq heures du soir [1], il serait impossible de le forcer à siéger plus de trois jours par semaine. Les tribunaux de police vaquent les dimanches, le vendredi saint et le jour de Noël ; mais, dans le cours de l'année, il n'y a pas de vacances régulières : les magistrats s'entendent entre eux pour que le service ne souffre pas du repos qu'ils s'accordent.

1. Si les besoins du service l'exigent, le secrétaire d'État de l'intérieur peut ordonner la prolongation des audiences ; mais, en fait, leur durée ne varie presque jamais.

Les deux magistrats qui siégent aux audiences des tribunaux qui ont une double circonscription territoriale (V. le tableau à la page précédente, nos 4 et 5) partagent leurs journées en deux audiences de trois heures : de dix heures à une heure, l'un siége à Greenwich, l'autre à Hammersmith ; de deux heures à cinq heures, ils se transportent à Woolwich et à Wandsworth.

Chaque magistrat reçoit un traitement de 1,200 livres et est assisté d'un secrétaire qui remplit les fonctions de greffier (*clerk*).

Dans la cité de Londres, les deux tribunaux de police sont présidés par le lord-maire ou un alderman. Le premier siége au tribunal de Mansion-House, les seconds à celui de Guild-Hall. Telle est la seule différence entre ces tribunaux et ceux de la ville : la procédure et les usages y sont presque identiques ; aussi ne parlerons-nous que des onze tribunaux qui présentent une absolue uniformité de règles.

## COMPÉTENCE.

Complétement assimilé par ses fonctions au juge de paix, le magistrat de police a, comme lui, une double mission : une mission d'*enquête* et une mission de *jugement*. Le plus ancien de ses droits est le droit d'enquête ; c'est celui que nous étudierons le premier sans rechercher jusqu'où il remonte.

*Enquête.* — Chargé de maintenir la paix, d'écouter les plaintes, d'apprécier les charges qui pèsent sur un malfaiteur, de le citer à sa barre ou de le faire arrêter, d'interroger sommairement le plaignant et ses témoins, de renvoyer l'affaire devant le jury compétent après avoir réglé le sort de l'accusé jusqu'au jugement, le magistrat de police à Londres connaît de toutes les infractions à la loi, de tous les actes criminels qui attirent la répression. Aucun crime ne se commet sans qu'il en soit le premier informé. Si le coupable a pu échapper, on vient lui demander un mandat; s'il est arrêté, on rassemble devant lui les preuves et il se borne à assurer la présence du plaignant, des témoins et du coupable au jour où l'affaire sera portée devant le jury[1]. Il y a environ cinquante crimes ou délits graves dans lesquels le magistrat de police n'a d'autres droits que ceux que je viens d'énumérer. Tels sont les principaux :

TABLEAU A.

1. Assassinat.
2. Tentative d'assassinat.
3. Coups et blessures graves.
4. Meurtre.
5. Avortement.
6. Dissimulation de naissance.
7. Sodomie.
8. Tentative de sodomie.
9. Viol.
10. Tentative de viol.
11. Attentat à la pudeur sur des enfants ayant moins de 12 ans.
12. Bigamie.
13. Coups aux agents (graves).
14. Sacriléges.
15. Vol d'enfants.
16. Vol avec effraction dans une maison habitée.
17. Tentative de vol avec effraction dans une maison habitée.
18. Vol sur les grandes routes.
19. Tentative de vol sur les grandes routes avec menaces.
20. Menaces par lettres pour extorquer de l'argent.
21. Vol de bestiaux.
22. Vol au-dessus de cinq livres.

1. C'est au moyen d'une promesse solennelle (*recognizance*) garantie par des amis que le magistrat assure la représentation des plaignants et des témoins.

23. Vol par domestiques, commis.
24. Vol simple quand il n'y a pas aveu.
25. Vol sur mer, rivières, etc.
26. Vol de récoltes.
27. Toute tentative desdits vols.
28. Abus de confiance (grave).
29. Vol à la Poste.
30. Recel.
31. Escroqueries (graves).
32. Incendie.
33. Menaces d'incendie par lettres.
34. Rassemblement tumultueux.
35. Destruction de marchandises en magasin.
36. Dégradation d'arbres ou de récoltes.
37. Animaux tués ou mutilés inutilement.
38. Toute atteinte à la propriété.
39. Faux et usage.
40. Détention de faux billets de banque.
41. Altération de la monnaie.
42. Fabrication de fausse monnaie.
43. Rupture de ban (après transportation).
44. Faux serment.
45. Émeute troublant la paix.
46. Tenue de maisons de jeu.
47. Tentative de suicide.
48. Délit de chasse (grave).

*Jugement.* — La mission judiciaire du magistrat de police est mieux définie par l'usage que par les lois.

C'est un principe généralement admis que le même magistrat ne peut à la fois instruire et juger; aussi dans l'origine n'a-t-on dérogé à cette règle que pour quelques contraventions et certains délits commis par les enfants. On avait constaté dans les prisons les résultats déplorables dus au rapprochement des jeunes condamnés et des criminels déjà pervertis. Plusieurs jurisconsultes demandaient que le premier officier de police pût châtier les enfants aussitôt arrêtés et les relâcher immédiatement; mais quelque sommaire qu'elle fût, cette mesure prenait la forme d'une décision judiciaire, et on songea à la remettre à un magistrat: les juges de paix furent investis de ces fonctions. C'était une première atteinte au jury. Les magistrats pouvaient prononcer seuls une peine de trois mois d'emprisonnement et de trois livres d'amende contre les personnes au-dessous de quatorze ans reconnues coupables de vol ou d'autre atteinte à la propriété (10 et 11 *Vict.* c. 82). On étendit bientôt la limite à seize ans (13 et 14 *Vict.* c. 37); mais cette compétence était *facultative*. Le magistrat était forcé de demander au prévenu s'il désirait être jugé par un jury; si l'enfant et les parents n'étaient pas d'accord pour accepter la compétence, le magistrat devait renvoyer devant la session du jury. Vers la même époque, on donna aux juges de paix la connaissance des contraventions commises sur la voie publique: bientôt les coupables de petits vols, pris en flagrant délit, amenés sur le champ devant cette juridiction, effrayés des retards et des lenteurs qu'exigeait le renvoi devant le jury, ne cherchant pas à nier le fait, implorèrent le juge de prononcer sans délai la peine. Ils réclamèrent la compétence et acceptèrent d'avance le jugement. Les magistrats de police ne pouvaient hésiter; la jurisprudence vint préparer ce que la loi consacra plus tard. On avait reconnu la simplicité de cette procédure, on apprécia bien vite l'équité de ces jugements publics, de ces décisions immédiates rendues au milieu de témoins certains de leurs récents souvenirs.

De l'historique de cette juridiction, il résulte que la compétence judiciaire des magistrats de police se compose des petits délits dont la connaissance leur est toujours attribuée, — et des délits plus graves qu'ils ne peuvent juger qu'après l'aveu ou la volonté exprimée du prévenu.

Ainsi, nous pouvons distinguer la compétence d'aveu et la compétence absolue.

*Compétence absolue.* — La compétence absolue comprend toutes les contraventions aux règlements, le vagabondage, la mendicité, l'ivresse et tout ce qui touche à la police de la voie publique.

*Compétence d'aveu.* — La compétence d'aveu est assez étendue et n'est point exactement fixée par la loi. L'usage a établi les limites de cette jurisprudence qui, d'ailleurs, s'appuie sur la plus stricte raison. Le jury n'a d'autre mission que de constater le fait : que deviendrait son rôle, quand l'accusé avoue qu'il est l'auteur du délit? Quand un prévenu se reconnaît coupable, le juge du fait devient superflu. Ne doit-il pas céder la place à celui qui fixe la peine? En Angleterre, pour les plus grands crimes, c'est la mission d'un juge unique. La compétence du juge de paix en cas d'aveu n'étonne donc personne. Si le juge d'une haute cour peut prononcer seul une peine capitale contre l'accusé reconnu coupable par le jury, pourquoi le magistrat de Londres ne pourrait-il pas appliquer quelques mois de prison à l'homme qui a rempli le rôle du jury en se déclarant lui-même coupable? C'est ainsi que peu à peu les rébellions, les vols avoués ont été jugés par ce tribunal que l'usage a rendu compétent.

Voici, d'ailleurs, la liste des affaires jugées sommairement, d'après les tableaux de la statistique judiciaire en 1860. On a imprimé en italiques les faits qui sont toujours de la compétence du magistrat de police :

TABLEAU B.

1. Voies de fait.
2. Coups aux agents.
3. Tentative d'évasion; rébellion.
4. Tentative de suicide.
5. Tout vol commis par un enfant au-dessous de 16 ans.
6. Vol à la tire. (Au-dessous de 5 livres.)
7. Vol par domestiques. (Au-dessous de 5 livres.)
8. Vol simple. (Au-dessous de 5 livres.)
9. Tentative de vol. (Au-dessous de 5 livres.)
10. Vol de chien. (Au-dessous de 5 livres.)
11. Violation de propriété.
12. *Dommage volontaire à la propriété.*
13. *Fuite des apprentis.*
14. *Cruauté envers les animaux.*
15. Désertion.
16. *Abandon de sa famille.*
17. *Prostitution.*
18. *Ivresse.*
19. *Tapage sur la voie publique.*
20. Tentative de placement par faux certificats.
21. *Imprudence d'un cocher faisant galoper dans les rues de Londres.*
22. Maisons de jeu.
23. *Colporteur sans licence.*
24. *Distillerie sans licence.*
25. (*Nuisances*) *ordures déposées, etc.*
26. *Contraventions aux règlements sur les voitures de place.*
27. *Contraventions aux règlements sur les péages.*

28. *Contraventions aux lois sur les « juvenile offenders. »*
29. *Contraventions aux lois sur la discipline.*
30. *Contraventions aux lois sur les chemins de fer.*
31. *Contraventions aux lois sur la marine.*
32. Braconnage.
33. Contrebande.
34. *Mendicité.*
35. *Vagabondage.*
36. *Voleurs connus* (*known thieves*[1]).
37. *Escroqueries* (légères).
38. Outrage public à la pudeur.
39. *Diverses contraventions.*

Ainsi, les prévenus de délits imprimés en italiques *doivent* être jugés par le magistrat de police.

Quant aux autres, pour être jugés immédiatement, ils doivent avouer le fait ou accepter la compétence, et encore le juge peut, après avoir examiné l'affaire et s'il éprouve des doutes, se dessaisir et renvoyer la cause devant le jury en qui réside la plénitude de juridiction.

## ARRESTATION.

Dans les pays où le ministère public n'existe pas, où l'accusation privée est la base de toute poursuite pénale, le premier acte de la procédure est toujours l'arrestation.

En Angleterre, nous voyons en effet celui qui ac-

1. Quand un voleur à la tire est l'effroi du quartier, qu'il est connu de la police qui n'a jamais pu le surprendre en flagrant délit, qu'il y a contre lui une certitude morale de culpabilité sans aucun fait constant, le policeman l'arrête, le conduit devant le magistrat de police qui en pareil cas le renvoie en lui faisant donner une caution de bonne conduite (*voir* page [illegible]).

cuse un passant de l'avoir frappé, aussi bien que celui qui intente une action criminelle, s'adresser au *policeman*[1]. C'est à cet agent qu'il appartient d'arrêter un homme sur la réquisition d'un citoyen : « J'accuse cet homme d'avoir frappé une femme, arrêtez-le. » (*I charge this man with assaulting a female : take him into custody !*) Un policeman ne peut se refuser à cette injonction : il doit mettre la main sur le passant qui est ainsi désigné ; nous verrons plus loin les garanties qui servent de contre-poids à une telle manière d'agir.

Si, au contraire, le plaignant ignore où il peut trouver celui qu'il accuse, il se présente devant le magistrat de police pour lui demander de décerner un mandat. Celui-ci peut alors choisir entre deux partis : appeler purement et simplement devant lui le prévenu, ou bien ordonner son arrestation. En général, le magistrat se contente du premier moyen (*summon*). Cet appel devant la justice contient la nature de la plainte, le nom du prévenu, l'heure à laquelle il doit comparaître, le nom du magistrat compétent pour l'entendre ; chaque *summon* est porté par un *constable*, par un officier de police, ou même tout autre individu intéressé à la poursuite. Cette pièce doit être remise au prévenu en mains propres, ou bien laissée à sa résidence habituelle.

1. Nous nous servons indifféremment des mots *policeman* et *constable* pour signifier l'officier de police qui remplit à Londres les mêmes fonctions que notre sergent de ville.

Si le prévenu ne comparaît pas, la personne chargée de porter l'ordre affirme par serment que la remise en a été faite en temps suffisant pour rendre la comparution possible, et le magistrat, après avoir fait répéter au plaignant les faits dont il se plaint, lui fait jurer que ses allégations sont conformes à la vérité. Ce n'est qu'après cette formalité qu'il décerne un mandat d'arrestation (*warrant to apprehend*).

En cas d'urgence, le magistrat de police lance immédiatement le *warrant* sans passer par les formalités du *summon*. Le *warrant* est porté par un officier de police : il doit contenir brièvement la cause de la plainte et l'ordre au porteur d'arrêter le prévenu et de l'amener immédiatement devant un magistrat du même comté.

On se ferait une fausse idée de tout le système d'instruction criminelle anglais si l'on donnait au mot *arrestation* le même sens qu'en France. Faute de comprendre le mode spécial d'arrestation usité chez nos voisins, plusieurs auteurs ont soutenu que la liberté individuelle n'était pas respectée en Angleterre.

Le mot de *comparution forcée* rend une idée plus exacte et plus conforme à la vérité.

L'individu arrêté peut être amené de plusieurs manières ; si le *policeman* a pris son nom et s'est assuré de son identité, que de plus le délit soit léger, il peut le laisser aller seul à la station ou au tribunal de police ; il peut monter en voiture avec lui ou l'accompagner à pied. On ne voit presque jamais de scandale, ni de lutte au moment de l'arrestation ; la perspective presque certaine d'une mise en liberté provisoire ou définitive au bout de quelques heures est de nature à calmer bien des esprits; s'il y a erreur, elle sera aussitôt découverte.

Si cependant il y avait résistance, l'homme arrêté serait amené par deux *constables* comme à Paris.

Le chiffre des arrestations à Londres a été de 64,281 en 1859, — de 62,937 en 1860, — de 63,244 en 1861. — Ces chiffres n'ont rien de surprenant, quand on songe qu'ils comprennent non-seulement les accusés de crimes, de délits et de contraventions, mais tous les gens soupçonnés de ces délits, que le magistrat fait mettre en liberté, ainsi que nous le verrons plus loin (p. 28).

## STATION DE POLICE[1].

Aussitôt que l'homme est privé de sa liberté, le *policeman* l'amène à la station de police ; il y trouve l'inspecteur qui l'interroge immédiatement ; on se borne à demander à l'individu son nom ; on consigne sur un

1. L'organisation matérielle des stations de police est un des points les plus curieux à étudier à Londres. Ce sont de grandes maisons qui servent à la fois de *casernes* pour les constables et de *bureau de police*. Sur la rue donne la salle où se tient l'inspecteur (chef de la station) ; près de lui sont les *policemen* de service. Au fond de la cour, on trouve la maison d'habitation qui contient généralement cent constables. Rien n'est négligé pour leur instruction et

registre l'heure de son arrestation et de l'entrée dans la station; on ajoute le nom du plaignant et celui du *policeman* qui l'a arrêté. Puis on transcrit ces notes dans les trois premières colonnes d'une feuille détachée qui ne quittera plus le prévenu jusqu'à son jugement.

S'il y a un renseignement matériel à prendre dans le voisinage, un témoin à aller chercher, l'inspecteur dirige le constable dans ses recherches; mais jamais la détention ne peut être prolongée par cette enquête exceptionnelle, qui ne dépasse jamais une heure ou deux. Là se borne l'action de la police dans la recherche et l'instruction des délits.

Toutefois on aurait une fausse idée de ce qui précède si l'on s'imaginait que le *policeman* doit toujours être mis en mouvement par un plaignant. Il arrive continuellement qu'un trouble sur la voie publique motive une arrestation spontanée de la part du constable: un homme trouvé en état d'ivresse, un mendiant, un cocher causant un embarras, peuvent être arrêtés sans que personne se soit plaint. Le *policeman* poursuit à ses risques et périls.

D'ailleurs, il est important de remarquer combien le rôle de la police à Londres est préventif. Dans les instructions aux constables sur leurs droits et leurs de-

leur bien-être: une salle à manger, un fumoir, une bibliothèque, une pièce contiguë à la cuisine où sont ménagés des fours pour sécher les vêtements après une faction humide, enfin des chambres aux étages supérieurs complètent la distribution de ces maisons construites depuis la réorganisation de la police métropolitaine.

voirs, on leur rappelle qu'on ne basera pas les récompenses *sur la quantité de délits découverts et d'hommes arrêtés, mais sur le nombre d'affaires étouffées et de délits prévenus.*

Dès que l'inspecteur a pris les noms du prévenu, celui-ci est conduit dans une des cellules qui lui sont destinées. Chaque station en possède de dix à vingt, suivant l'importance du poste. La durée de la détention dans les cellules ne saurait être précisée d'une manière absolue ; généralement le prévenu y reste une heure ou deux, quelquefois il ne fait qu'y passer un instant : cela dépend des occupations plus ou moins grandes du magistrat et de la nature de l'affaire qui exige des recherches ou un délai de quelques heures ; le maximum de cette détention ne peut dépasser vingt heures. Un homme est amené à trois heures de l'après-midi dans un état d'ivresse qui nécessite un renvoi au lendemain ; c'est à l'ouverture de l'audience suivante qu'il comparaît. Il a donc attendu dix-neuf heures. En aucun cas un inspecteur ne peut se permettre une plus longue attente.

Les postes les plus importants ont été construits auprès du tribunal, de telle sorte que le prévenu n'a généralement qu'à traverser une cour, une allée ou une rue pour se trouver devant le magistrat[1].

1. Quand un homme est arrêté la veille, ou dans la nuit qui précède un jour de fête, et qu'il offre à l'inspecteur des cautions qui puissent assurer sa comparution devant le magistrat, celui-ci ne doit point hésiter à les accepter si l'individualité du prisonnier est clairement constatée et si le fait n'est pas très-grave.

## TRIBUNAUX DE POLICE.

Le tribunal de police (*police court*) n'exige ni un grand espace ni de spacieux aménagements. Une salle d'audience éclairée par le haut et plus petite que celles de notre police correctionnelle, un cabinet pour le magistrat, une pièce pour le greffier, une salle d'attente pour les témoins et une cellule pour les prisonniers, telles sont les seules dépendances nécessaires à un tribunal de police et qu'on retrouve partout semblables dans Londres. — L'audience communique avec la rue par un long couloir qui donne accès au public. Il y a place au fond de la salle pour vingt à trente personnes debout et dix personnes assises ; on ne peut pénétrer dans l'audience pendant que le magistrat juge, ce qui assure le silence et le calme le plus parfait ; mais à la fin de chaque affaire l'auditoire se renouvelle.

Dans la salle d'audience, il y a deux estrades : l'une réservée au magistrat, qui est assis devant une table et entouré de ses livres usuels ; l'autre, fort étroite, se trouve en face de lui au milieu de l'audience : on y fait monter le prévenu, qui s'y tient debout entre deux barres d'appui : on peut ainsi le voir des pieds à la tête ; à la droite du magistrat se trouve le témoin ; au moment où il dépose, il entre par une porte étroite sur une plate-forme plus élevée que le plancher de la salle. Un seul témoin peut s'y tenir. A peine entré, l'huissier lui fait prêter serment sur le livre des Évangiles de dire la vérité, toute la vérité (*to say the truth, the all truth*) ; il donne ses noms au greffier (*clerk*) et alors, se tournant vers le magistrat, il fait sa déposition.

Il y a plusieurs manières de citer un témoin. — Régulièrement on lui adresse une citation (*summon*) ; si elle reste sans réponse, on lance un mandat d'amener (*warrant*). Dans les cas d'urgence, on peut commencer par le mandat. Mais il est rare qu'on ait le temps d'user de telles formes devant la juridiction sommaire dont nous nous occupons. — On vole un objet à l'étalage d'un marchand, celui-ci fait arrêter le voleur; un groupe se forme, le *policeman* prend le nom et l'adresse d'une personne qui a vu le fait; il est deux heures, le *policeman* la prévient qu'elle aura à déposer devant le magistrat à trois heures; souvent il l'engage à l'accompagner, et une heure après le vol, l'accusé, le plaignant, le témoin et le *policeman* paraissent devant le juge. Si ce témoin ne comparaît pas et que sa présence soit nécessaire, l'affaire est remise au lendemain et le magistrat décerne un *warrant*.

Revenons maintenant à l'audience du magistrat[1].

1. Quand le prévenu est amené devant le juge, celui-ci ne connaît que les noms de l'accusé et du plaignant, la nature du fait et l'heure de l'arrestation. Les mentions inscrites sur le registre de la station de police ont été reportées sur une feuille volante qui est le seul dossier communiqué au magistrat.

C'est toujours le plaignant qui dépose le premier, et on doit l'entendre avant aucun autre témoin. Quand il a exposé l'affaire, il se retire de la loge où il se trouvait et cède généralement la place au constable qui, après avoir prêté serment, rapporte ce qu'il a vu et dans quelles circonstances s'est opérée l'arrestation : on ne lui permet pas de raconter ce qu'il sait par ouï-dire, ou du moins c'est à titre de renseignements qu'on le recueillerait, et cette partie de sa déposition ne saurait être opposée à l'accusé.

Quand tous les témoins ont déposé, le magistrat s'adresse pour la première fois au prisonnier et lui demande : « Qu'avez-vous à répondre à cette accusation ? (*What have you to say to this charge ?*) Le prévenu cherche à s'expliquer[1] : presque jamais on ne l'interrompt, et quand il a terminé, selon la situation amenée par sa réponse, le magistrat provoque de nouvelles affirmations des témoins. Le magistrat indique alors le point qu'il faudrait éclaircir, ne craint pas d'exposer que tel élément de la plainte ou de la défense fait défaut et que cela pourra déterminer la



1. Il est fort rare qu'un individu jugé par le magistrat de police quelques heures après le délit ait eu le temps de choisir un avocat. D'ailleurs, comme devant cette juridiction il y a presque toujours flagrant délit ou aveu et qu'on ne discute jamais le passé de l'accusé, le rôle d'un défenseur serait presque nul. Si cependant le prévenu demande à être défendu et sollicite une remise à la fin de l'audience ou au lendemain, le magistrat doit l'accorder ; mais alors le prévenu ne peut s'imputer qu'à lui-même des retards qui ne sont pas le fait de la justice.

décision : on voit son esprit flotter, et quand la précision d'une preuve nouvelle vient fixer ses irrésolutions, son opinion acquiert un poids singulier parmi ses auditeurs. Ces opérations diverses de l'esprit qui cherche, comprend et juge, manifestées à haute voix, sont le caractère particulier de cette justice sommaire. La publicité est partout ; la pensée elle-même dans son travail intérieur se montre à découvert. Ces formes publiques de procédure ont plus d'importance qu'on ne le pense : l'auditoire s'associe au juge, chacun de ceux qui remplissent l'audience partage les inquiétudes du magistrat, on cherche avec lui la vérité, on s'efforce de la découvrir, on passe par les mêmes voies, on arrive ainsi plus facilement au même but[1].

## DÉCISION.

Plusieurs décisions peuvent intervenir, et, en cela, il faut se reporter aux distinctions que nous avons exposées touchant la compétence des magistrats de police.

1. Pendant les dépositions des témoins et les réponses du prévenu, le greffier ne cesse d'écrire. Il en résulte une sorte de procès-verbal sommaire qui constate les points les plus importants des débats. Si le condamné interjette appel de la décision principale ou du refus d'élargissement sous caution, ce sont ces notes présentées au juge supérieur qui lui donnent une première idée de l'affaire. Elles servent aussi devant le jury, qui peut se les faire présenter, à constater si les témoignages ont varié depuis le commencement de l'enquête.

## I. Compétence judiciaire.

Le magistrat peut rendre cinq décisions différentes :

1° La remise de l'affaire à une autre audience ;

2° L'acquittement ;

3° L'acquittement en exigeant une caution de bonne conduite ;

4° L'amende ;

5° La prison.

I. *La remise* (*to remand or to adjourn the hearing*), a lieu souvent quand il est évident qu'une démarche d'un *policeman*, la déposition d'un témoin absent ou toute autre recherche éclaircira l'affaire et assurera une décision équitable.

Les remises sont aussi rares et aussi courtes que le permettent les recherches ordonnées par le juge. — Un jour, deux ou trois au plus suffisent à la plupart des constatations : les remises à huitaine sont à peine connues. — Comme l'audience est accessible à tous, sans fixation de jour, aussitôt que le renseignement est recueilli, le constable l'apporte au magistrat ; il n'y a jamais de temps perdu. — Si le prévenu présente quelque garanties, on le met en liberté sous caution, comme nous le verrons plus loin ; sinon, on le renvoie à la station de police, et si le délai excède un jour, à la maison de détention.

II. *L'acquittement* (*discharge*) est prononcé quand aucune charge ne pèse sur la personne arrêtée, et quelquefois lorsqu'une nuit de détention paraît suffire à la répression. Ainsi dans les cas d'ivresse on acquitte presque toujours l'homme arrêté la veille, à moins qu'il n'ait été souvent poursuivi pour le même fait[1] : on pense, non sans quelque raison, que vingt heures à la station de police et la honte d'avoir été publiquement averti par le magistrat empêcheront un nouveau délit.

Le nombre des acquittements prononcés par les magistrats de Londres est énorme, mais il faut songer qu'il comprend plusieurs catégories qui ne figurent en France dans aucune statistique : le commissaire de police, qui laisse aller un inculpé dont il s'est borné à

1. On soutient en Angleterre que le juge doit faire abstraction des antécédents et ne peser que les circonstances du fait incriminé. Des magistrats éminents affirment que le verdict ne peut être impartial si le jury sait que l'homme contre qui pèsent de légers indices a été plusieurs fois condamné.

On n'a donc établi aucun moyen légal de constater la récidive : le casier judiciaire est inconnu ; mais souvent, devant le magistrat, un inspecteur vient affirmer que le prévenu est bien connu de la police, qu'il a été plusieurs fois arrêté pour ivresse, déjà condamné pour vagabondage, et ces allégations, soutenues par le serment, ont une véritable valeur pour tous les délits d'habitude, comme le vagabondage et l'ivresse. Un tel témoignage amène souvent le magistrat à exiger une caution de bonne conduite.

On ne s'est occupé de la récidive que pour la statistique morale : on a eu recours aux moyens les plus imparfaits, tels que l'aveu du condamné et le souvenir des gardiens de prison.

constater l'individualité et le domicile pour le renvoyer ensuite devant le tribunal correctionnel ou de simple police; le préfet de police, qui relâche un vagabond réclamé ou délivre un passe-port avec secours de route au mendiant dans la détresse; le substitut, qui met en liberté au petit parquet; le juge d'instruction, qui rend une ordonnance de non-lieu, prononcent de véritables acquittements. A Londres, tous ces chiffres sont réunis en un seul, et c'est ainsi que chaque année le nombre des acquittements atteint presque la moitié de celui des arrestations. (30,099 acquittements (*discharge*) sur 63,244 arrestations. *Criminal returns, Métropolitan police,* 1861).

III. *Le renvoi en exigeant une caution de bonne conduite* (*to find sureties or recognizance for good behaviour*) est ordonné quand la culpabilité est probable sans être évidente et que le magistrat tient à s'assurer de la bonne conduite à venir du prisonnier qu'il rend à la société. Cette peine éventuelle, inconnue parmi nous, produit en Angleterre les meilleurs résultats : pour tous les délits d'habitude, pour l'ivresse et la mendicité, souvent même pour retenir des individus dont le caractère violent fait craindre un crime ou un suicide, ce moyen est employé avec succès. Le magistrat peut fixer la caution selon son bon plaisir, mais il doit toujours indiquer pendant combien de temps cette somme sera exigible à défaut d'une bonne conduite de l'accusé. En pareil cas, si l'individu ne trouve pas de caution, il doit rester en prison pendant un temps déterminé d'avance par le juge; mais cet emprisonnement a plutôt le caractère de la contrainte par corps que d'une peine : aussi les prisonniers sont-ils placés dans la maison de détention et nullement traités comme les condamnés[1].

IV. *L'amende* (*fine*) peut être prononcée par les magistrats jusqu'à concurrence de 50 livres (1,250 francs). Elle est principalement appliquée dans le cas de ta-

1. Les cautions de bonne conduite ont été la source de fréquentes erreurs pour ceux qui ont étudié de loin le système de la répression à Londres. On pouvait difficilement en comprendre l'application pratique, et on a affirmé, en donnant une liste des plus singuliers délits, que les magistrats de police condamnaient par milliers pour *moralité suspecte*, pour *violence*, etc. On n'a pas remarqué qu'en pareils cas jamais une condamnation n'était prononcée et qu'on se bornait à exiger une caution. Un juge ne condamne pas sans preuves certaines du fait délictueux ; mais quand il est intimement convaincu de la culpabilité et qu'il croit le prévenu un homme dangereux pour la paix publique, il n'hésite pas à lui demander une garantie de sa bonne conduite future : s'il offre une caution, la société a un gage qui souvent suffit à prévenir le retour des actes habituels que la loi a voulu empêcher ; s'il ne peut présenter aucun ami qui réponde pour lui, le juge présume qu'il n'est pas digne de la faveur de la justice et il l'envoie, pour un temps déterminé, en prison, d'où il pourra sortir dès qu'un homme domicilié, lui témoignant sa confiance, viendra garantir devant le juge qu'il est digne de la liberté, et que pendant une période fixée il ne donnera lieu à aucune poursuite judiciaire. Ce système, qui pourrait nous paraître exorbitant, est appliqué à Londres avec tant de mesure (1152 personnes sur 30,000 jugées sommairement en 1861, c'est-à-dire 38 sur 1000) et est si intimement lié aux mœurs judiciaires anglaises, qu'il ne soulève dans la pratique aucune objection.

page nocturne, d'ivresse et pour la plupart des contraventions portées au tableau B[1]. L'amende peut être payée aussitôt après la condamnation au greffier de la justice de paix; si le condamné est libre, il peut en verser le montant entre les mains du constable qui vient procéder à la saisie en vertu du mandat du magistrat de police; s'il est détenu, entre les mains du geôlier de la maison de détention[2].

S'il se refuse à acquitter l'amende, ou qu'il soit dans l'impossibilité de le faire, on agit successivement contre lui en opérant la saisie de ses meubles, en les mettant en vente et en recourant en dernier lieu à la contrainte par corps. Le magistrat doit fixer la durée de cette mesure de rigueur, qui a tous les caractères de la peine de l'emprisonnement et qui doit être subie dans la maison de correction.

V. *L'emprisonnement* (*prison*) peut être porté jusqu'à six mois. La rébellion, le vol, l'escroquerie, les coups et violences sont les classes de délit le plus souvent frappées de cette peine, et les seules pour lesquelles le magistrat se décide à condamner un coupable à six mois de prison. Ainsi les juges, loin de dépasser

1. Sur 1000 personnes condamnées par les magistrats de police, en 1861, 570 ont été frappées d'une amende.

2. Les poursuites devant les tribunaux de police ne donnent lieu à aucuns frais. C'est une justice absolument gratuite. — Les appels ou les renvois devant le jury ne jouissent pas du même bénéfice.

les bornes restreintes que leur a assignées la loi, n'usent pas de tout le pouvoir qu'elle leur donne[1].

Souvent l'emprisonnement et l'amende sont réunis, ou bien ils forment une alternative dont on donne le choix à l'individu condamné : (« Vous payerez une livre ou vous subirez huit jours de prison. ») Ce système est fort usité pour les vagabonds : s'ils ne peuvent acquitter l'amende, ils sont ramenés à la station de police d'où ils sont conduits à la maison de correction[2].

Pour Londres et tout le comté de Middlesex, la prison où sont enfermés les condamnés à une peine inférieure à six mois se trouve à *Clerkenwell.*

Cette prison, construite suivant l'ancien système, est le modèle le plus parfait des prisons en commun. Elle tend toutefois à se modifier : ainsi on bâtit des cellules pour isoler les prisonniers pendant la nuit, mais de jour ils sont réunis dans de grandes salles où le travail se fait en commun. Quelle que soit la durée

1. D'ailleurs les magistrats de Londres, suivant le témoignage de l'un d'eux, craindraient une compétence qui leur permettrait de prononcer des peines supérieures ; ce serait leur imposer une responsabilité qu'ils trouveraient trop lourde, et ils n'hésitent pas à penser qu'une juridiction plus large nuirait aux bons effets de l'institution et porterait atteinte à sa popularité.

2. Sur 1,000 condamnés, 361 ont été condamnés à la prison pendant l'année 1861. Voici comment se décompose ce chiffre :

| | |
|---|---|
| 19 à 6 mois. | 74 de 1 à 2 mois. |
| 10 de 4 à 5 mois. | 24 de 15 jours à 1 mois. |
| 66 à 3 mois. | 68 de 8 jours à 15 jours. |
| 34 de 2 à 3 mois. | 76 au-dessous de 8 jours. |

de la peine, la détention ne dût-elle être que de cinq jours, le condamné doit travailler. S'il sait un métier, il est réuni à l'atelier qui lui convient; s'il n'en sait aucun, on le place dans de grandes salles où il peigne le crin. Le silence le plus absolu y est observé, et dans les galeries qui contiennent plus de cinq cents détenus on entend distinctement la voix du gardien de service, qui fait une lecture pendant quelques heures de la journée. Les condamnés perdent leur nom pendant toute la durée de leur peine et ne répondent plus qu'à un numéro. Malgré toutes ces précautions, les condamnés arrivent à communiquer entre eux par un regard, un signe ou tout autre moyen que le besoin de s'entendre leur suggère. On sent chaque jour davantage les inconvénients de ce système : il n'y a pas là une véritable moralisation, et le succès complet de la réforme pénitentiaire appliquée dans la prison de Pentonville aura pour résultat avant peu d'années de généraliser en Angleterre l'emprisonnement cellulaire [1].

Nous venons de voir les peines que peut prononcer le magistrat dans les affaires où il a le droit de juger; voyons maintenant les décisions préparatoires qu'il

1. *Pentonville*. Cette prison est une des premières construite sur le système cellulaire américain. Par une sage organisation du travail, on y est arrivé à substituer l'emprisonnement aux travaux forcés. La peine que subissent aujourd'hui les grands coupables, quoique moins longue qu'autrefois, rend à la société un homme justement intimidé, mais relevé par le travail et non dégradé par la corruption du bagne.

peut rendre dans les affaires graves où il n'est que magistrat d'enquête.

## II. Compétence d'enquête [1].

Dans cette seconde partie de ses attributions son rôle diffère complétement de celui que nous lui avons vu remplir pour le jugement des petits délits. Le plaignant et le prévenu ne se présentent presque jamais seuls devant lui ; chacun d'eux est accompagné d'un conseil (*attorney, solicitor*) qui dirige la poursuite et la défense ; le rôle de conseil n'est point un rôle passif : il détourne le prévenu d'une récrimination maladroite, l'empêche de répondre à une question insidieuse, s'efforce de donner une mauvaise apparence à l'accusation, pendant que celle-ci accumule les charges. Le magistrat demeure le plus souvent spectateur de la lutte. Si l'affaire perd de sa gravité et que le plaignant faiblisse, il cherche à mettre les parties d'accord. Si le plaignant hésite, se trompe, ne reconnaît pas parfaitement l'accusé ou n'apporte aucune pièce concluante, alors le rôle de magistrat peut devenir plus sérieux, car il a le droit de renvoyer dès à présent l'accusé de la plainte ; mais ce cas est rare,

1. Le nombre des accusés qui, chaque année, donnent lieu à Londres à une enquête contradictoire devant le magistrat de police, est fort restreint. Il compose environ le vingtième du chiffre total des arrestations. En 1861, sur 63,000 arrestations, 3,044 accusés seulement ont été envoyés devant le jury. Les tableaux de la statistique offrent pour les années précédentes des résultats analogues.

il faut qu'il constate une erreur matérielle. En négligeant cette décision exceptionnelle, on peut donc dire que le magistrat se trouve placé en présence de cette alternative : renvoyer le prévenu en prison (*commitment*) ou le mettre en liberté sous caution (*bail*) jusqu'à sa comparution devant le jury (*trial*).

Il est compétent pour toutes les mesures à prendre pendant la période de prévention. Par conséquent, il ne ressemble ni à notre ministère public, car jamais il ne poursuit d'office ; ni à notre juge d'instruction, car il ne recherche pas toutes les circonstances du crime ; ni au juge criminel, puisqu'il ne prononce pas de peine ; rien de semblable n'existe dans notre organisation judiciaire. Représentant de l'autorité, il donne un caractère public à l'acte qui enlève au citoyen sa liberté ; il empêche les accusations injustes; il est à la fois le gardien de la justice et le défenseur de la société.

Aussitôt qu'il a prononcé le renvoi en prison (*commitment*), l'accusé est reconduit à la station de police. A la fin de la journée, tous les accusés qui ont été ainsi renvoyés au jury sont placés dans une voiture cellulaire, construite sur le modèle des nôtres, et menés à la prison réservée aux détenus (*house of detention*).

*Maison de détention préventive.* — Il y a deux prisons : l'une spécialement affectée aux prévenus arrêtés par la police métropolitaine, l'autre réservée aux prévenus arrêtés par la police de la cité (Newgate) [1].

1. *Newgate* (la vieille prison de la cité) a été réorganisée sur un nouveau modèle en 1858 et sert maintenant de lieu de détention

La première (Clerkenwell), organisée depuis une quinzaine d'années, servant maintenant de type aux prisons construites en Angleterre pour les prévenus, est la seule dont nous devions nous occuper.

A leur entrée dans la prison, les prévenus sont placés séparément dans une cellule. On les fouille en présence du directeur. Tout couteau ou instrument tranchant d'aucune sorte pouvant blesser le prévenu ou faciliter sa fuite lui est enlevé. On lui retire l'argent dont il est porteur et on le garde à son nom. On fait ensuite prendre au prévenu un bain chaud ou froid selon l'avis du médecin qui l'examine. Pendant ce bain, les vêtements du prévenu sont nettoyés et purifiés; jusqu'au jugement, il lui est permis de porter ses propres vêtements, mais s'ils doivent servir de pièces à conviction ou que leur état de vétusté empêche de les rendre, la maison lui fournit un costume de simple toile grise. Aussitôt que le prévenu est sorti du bain, on le place dans une cellule provisoire où il passe la première nuit; le lendemain seulement, après une nouvelle visite du médecin qui s'assure qu'il ne possède en lui aucun germe d'une maladie contagieuse, il est placé dans la cellule qui doit lui appartenir jusqu'à son jugement. Les détenus sont divisés dans la maison par catégories : les voleurs occupent une galerie, les vaga-

pendant les quelques heures qui précèdent la comparution devant le jury. Attenant aux bâtiments de la Cour (Old Bailey), ses cellules reçoivent les accusés amenés de Clerkenwell la veille ou le matin même des débats.

bonds une autre. Cette classification n'a pas une grande importance; celle qui consiste à séparer les prévenus dangereux a plus de valeur, puisqu'à leur égard la surveillance doit être plus active.

Le prévenu habite seul dans sa cellule, mais un avis qui s'y trouve affiché lui apprend que ce système n'a pas pour but d'aggraver sa situation, mais d'écarter loin de lui tout mauvais contact. Il doit se convaincre que cette mesure est prise dans son intérêt, car toute facilité lui est donnée pour communiquer avec le dehors par le moyen d'une sonnette qui fait aussitôt arriver un des gardiens. Dans l'intérieur d'une cellule, tout est prévu pour la santé du prisonnier. Il a un hamac et des couvertures dont un ordre du médecin peut faire doubler le nombre. Il peut emprunter des livres de piété et de morale dans la bibliothèque de la maison. Avec la permission du gouverneur, il peut faire venir du dehors ce qui lui plaît. Il est même permis de faire apporter le pain ou tout autre aliment, pourvu que ce soit une nourriture simple et saine. Sous aucun motif un accusé ne peut être forcé de travailler, mais il a le droit d'obtenir des outils pour employer son temps. Chaque jour il peut se promener à l'air pendant le temps nécessaire à sa santé. En un mot, on le traite comme un homme qui n'a perdu qu'un seul de ses droits : la liberté de fuir. On prévoit ses besoins physiques, on ne néglige pas ses besoins intellectuels. On ne le contraint pas au travail et on lui permet d'employer son temps comme il le veut. Parmi les outils que son état réclame, les objets que demande son caprice, le directeur ne peut refuser que les instruments d'évasion ; tout le reste, il doit l'accorder. L'accusé peut recevoir chaque jour, à des heures réglées, ses parents et ses amis. Il peut voir à toute heure et sans témoins son défenseur. Il est absolument interdit, sous les peines les plus sévères, d'apporter aux détenus aucune liqueur forte. Une affiche, comprenant les devoirs et les droits du prévenu pendant son séjour à Clerkenwell, est placée dans chaque cellule. Le directeur, chargé de maintenir la police, applique, après enquête, les peines : la mise au pain et à l'eau pendant trois jours ou l'emprisonnement dans une cellule noire sont les seules punitions dont il dispose.

Tel est le mode de détention préventive en Angleterre : on ne cesse pas de voir l'homme à travers l'accusé. La pensée qui domine le législateur est de rendre à la société, après l'acquittement, un citoyen que n'auront perverti ni les soupçons, ni l'emprisonnement en commun.

Si le nombre des accusés qui attendent leur jugement dans les prisons est bien moins considérable qu'en France, on le doit en partie à l'usage de la *liberté sous caution*, à peine pratiquée parmi nous et qui étend ses garanties, en Angleterre, sur un grand nombre de prévenus. Au moment où le magistrat de police vient de prononcer le renvoi devant la session d'assises et qu'il ordonne l'emprisonnement de l'accusé, celui-ci demande ordinairement au juge de fixer le montant de la caution qu'il devra fournir pour attendre en liberté son jugement.

Quelquefois le magistrat, s'adressant le premier au prisonnier, offre de le mettre en liberté et lui indique les garanties qu'il exige, mais il se borne à agir ainsi dans les affaires où les charges sont douteuses. Le magistrat craint alors d'envoyer le prévenu en prison, et il s'efforce d'alléger sa responsabilité en atténuant les conséquences d'une erreur.

Le juge de paix a toute latitude pour fixer la nature et le montant des sûretés : généralement le cautionnement s'opère par une obligation (*recognizance*) dressée devant le prisonnier et deux de ses amis. Mais tout ceci est à la discrétion du juge qui peut se contenter de l'engagement d'un seul ami. On a vu des magistrats de Londres exiger un engagement de 5,000 livres (125,000 francs) ; mais jamais ils ne demandent un dépôt d'argent. Celui qui s'engage doit être domicilié (*householder*). Quand les cautions ne sont pas présentes à l'audience du magistrat, on emmène le prisonnier à la station de police, puis à la maison de détention, d'où il a toujours le droit de se faire extraire pour se présenter devant le juge compétent avec ses amis. Ceux-ci ne prennent jamais qu'un engagement éventuel et qui ne sera exigible que dans le cas de la non-comparution du prévenu élargi. Aussi la mise en liberté peut-elle avoir lieu sur-le-champ, une promesse devant le magistrat suffit. Ce mode de procéder a un autre avantage, c'est de ne pas permettre que la somme soit absorbée par le payement des frais. Si l'accusé comparaît, ni le trésor, ni les parties lésées par le délit n'ont aucun droit sur la somme promise; la condition qui la rendait exigible ne s'est pas réalisée, la promesse est nulle et de nul effet. Si, au contraire, l'accusé ne paraît pas au jour fixé, le magistrat de police, informé par le plaignant, envoie, avec les dépositions des témoins au jour de l'arrestation, l'enquête sommaire et le texte de l'engagement transcrit sur parchemin, au *sheriff* qui siége à la *Court-session*. Celui-ci constate l'absence et donne force exécutoire à la promesse : en effet, dès que le défaut du prévenu est certain, la somme promise par les cautions est acquise à la reine : c'est une dette envers le Trésor de même nature que celle résultant de l'*income-tax* ou d'une amende. De plus, le *sheriff* délivre un *warrant* pour arrêter le prisonnier et prescrit la saisie des biens des cautions. Il peut lancer en même temps un mandat d'arrêt contre les cautions, car elles sont contraignables par corps. Toutefois, elles ne subissent pas de jugement et ne peuvent être frappées d'aucune peine, à moins qu'elles n'aient voulu favoriser la fuite du prévenu. La loi punit alors de peines sévères une manœuvre qui a pour but d'arracher le coupable à la justice.

Le magistrat de police a le droit d'*accorder* ou de *refuser* l'élargissement provisoire dans les cas de crimes et dans tous ceux expressément mentionnés par le statut : violences ayant pour but de faciliter un crime, tentative de crime, escroquerie, recel, faux serment, subornation de témoins, dissimulation de naissance, outrage public à la pudeur, émeute violente, coups et blessures dans un rassemblement, coups et blessures à un officier de police ou à toute personne se portant à son aide, toute infraction aux règlements commise par un *policeman*. Dans toutes les autres affaires (délits ou contraventions) le magistrat *doit* mettre en liberté le prévenu qui le demande[1] : son refus serait considéré comme une violation de la loi et puni comme tel. Le cas de haute trahison est le seul dont le juge de paix ne puisse connaître, et pour toute demande de liberté provisoire un secrétaire d'État est seul compétent.

Quand un juge de paix a refusé au prisonnier d'accepter les cautions qu'il offrait ou qu'il a exigé une somme trop élevée, celui-ci a une voie de recours contre cette décision. Il peut s'adresser à un juge du Banc de la Reine : le magistrat prévenu de l'appel envoie son *clerk* avec les dépositions auprès du juge, qui statue

1. Ce droit à la liberté sous caution pour tous les prévenus de délits a été nié dans des travaux récemment publiés : c'est une grave erreur. Il suffit pour s'en convaincre de se reporter au texte de l'acte du 14 août 1848. (11 et 12 *Victoria*, cap. 42, sect. 23.) Pour la jurisprudence antérieure on peut recourir aux diverses éditions de Blackstone, et consulter le droit commun incontestable de l'Angleterre. La législation anglaise sur la liberté provisoire est plus longuement exposée dans un récent article de la *Revue critique de la législation*. (N° de décembre 1862.)

aussitôt et qui ne réforme que très-rarement la décision du juge de paix. Si le juge du Banc de la Reine conçoit des doutes sur la solution à donner, il peut porter l'affaire à l'audience pour recueillir l'avis de ses collègues.

## VOIES DE RECOURS.

Il y a deux voies de recours : l'une dirigée contre la décision du fait, l'autre n'atteignant que le droit. Le premier de ces appels appartient au jury, le second est réservé à la cour du Banc de la Reine.

*Appel.* — L'appel n'est pas de droit commun en Angleterre; c'est une faveur qui n'appartient au condamné que dans un petit nombre de délits. En effet, l'appel ne pouvait pas exister dans les mœurs judiciaires anglaises : les décisions du jury constatent souverainement le fait; c'est l'opinion publique qui décide, aucune autorité ne peut la réformer, une erreur matérielle est la seule cause du renvoi à une autre session. Mais dans les juridictions sommaires, il n'y a pas de jury, la solution émane d'un seul juge, c'est une opinion individuelle; il peut donc exister un recours devant l'opinion des citoyens assemblés.

Les décisions des juges de paix ne peuvent être frappées d'appel devant le jury que lorsque la peine est supérieure à une amende de trois livres (75 francs), ou à un emprisonnement d'un mois. Quand les statuts accordent expressément le droit d'appel, les magistrats doivent le faire connaître au condamné, et s'il est décidé à en user, ils lui indiquent les démarches nécessaires. La première de toutes est la rédaction d'une déclaration d'appel (*note as appeal*) qu'il dépose entre les mains du *clerk*. Le magistrat exige alors des garanties de son appel (*sureties he will prosecute*), pour que les frais d'un appel abandonné ne retombent pas à la charge du trésor. Les témoins et le plaignant s'engagent à comparaître à la prochaine session et l'affaire suit son cours, comme si le magistrat n'avait prononcé qu'un renvoi pur et simple au jury. Ainsi toute preuve et toute déposition sont admises, quoiqu'elles n'aient pas été fournies devant le premier juge, L'appel est porté devant les *quarter sessions*, qui exercent leur juridiction dans le lieu où siége le magistrat de police. Le jury se réunit dans ces sessions tous les mois ou plus souvent[1].

*Pourvoi pour violation de la loi.* — Un acte du Parlement passé en 1857 a organisé pour les justices sommaires un système régulier de pourvoi devant la cour du Banc de la Reine et devant les cours supérieures. Ce pourvoi ne peut s'exercer que dans le cas où la loi paraît mal appliquée. Dans les trois jours qui suivent la décision du magistrat, chacune des parties a le droit de s'adresser à celui qui les a jugées pour le prier de dresser un acte d'appel contenant la ques-

1. Dans l'année 1860, 58 appels seulement ont été interjetés : 33 décisions ont été confirmées, 25 annulées.

tion de droit. Dans les trois jours qui suivent la délivrance de cet acte, l'appelant en envoie un exemplaire à l'intimé et adresse l'autre à la cour qu'il a choisie. Pour être recevable, l'appelant doit s'engager à poursuivre sans retard son appel, à se soumettre à la décision suprême et à payer les dépens auxquels il sera condamné. Avant de recevoir l'acte d'appel, il devra payer au greffier du juge de paix les frais (les copies des actes et l'engagement de poursuivre l'appel se montent ordinairement à 20 shellings). Cet appel à une justice souveraine dépouille l'appelant du droit de recours devant le jury. Si l'appelant est en prison, on l'élargit immédiatement en lui faisant promettre de se représenter dans les dix jours qui suivront le jugement définitif pour acquiescer à la décision de la cour. Tous les pouvoirs conférés à la cour appartiennent également à un juge détaché en vacances ou hors de son siége. La décision peut affecter plusieurs formes : La Cour peut confirmer le jugement du magistrat ou le réformer en tout ou en partie. Souvent elle renvoie l'affaire au juge de paix pour qu'il soit statué au fond en se bornant à donner son opinion sur la question de droit. Quelle que soit sa décision, elle est souveraine et immédiatement exécutoire. Ce sont les juges de paix qui sont compétents pour ordonner les saisies et prescrire toutes les voies d'exécution [1].

1. Les pourvois sont si peu entrés dans les usages en Angleterre, que dans l'année 1859, 72 questions de droit seulement ont été portées devant les cours supérieures; dans l'année 1860, le nombre

Tel est le tableau de la procédure sommaire des magistrats de Londres. On a vu quelle était la simplicité de ses rouages, la rapidité de sa marche, et cependant on a pu constater les formes précieuses qui garantissent le droit de défense et la liberté des citoyens.

Dans ce coup d'œil jeté sur une législation voisine, nous devons toutefois être surpris d'une profonde lacune; le ministère public n'existe pas. Chaque jour les meilleurs esprits et les plus savants jurisconsultes [1],

était de 78. On ne peut mettre en doute que ce chiffre n'augmente, la loi est encore trop récente pour avoir porté tous ses fruits; mais les juges de paix voient bien rarement des questions de droit s'élever dans leur compétence, et dès que l'affaire est délicate, ils s'en dessaisissent pour la renvoyer au jury.

1. Voici l'opinion de lord Brougham : « Quand la poursuite est résolue, des fonctionnaires spéciaux devraient être chargés de préparer l'accusation et de diriger la poursuite devant les juges. — Ces fonctions sont extrêmement importantes, car un système de procédure criminelle ne peut être que radicalement imparfait s'il ne possède pas un accusateur public; laisser à chaque membre de la société le pouvoir de poursuivre pour tout délit au nom du souverain... forcer la victime à amener l'accusé devant le juge à ses frais... tel est le système de poursuites en Angleterre, et je n'en connais aucun qui me paraisse plus déplorable... — Dans quelques cas, comme pour montrer par le contraste l'absurdité du système, la Couronne poursuit. Dans toutes les affaires politiques il y a, ainsi que cela devrait être pour tous les crimes, une accusation responsable qui agit au nom de l'État... Nous pourrions conserver en Angleterre le grand jury (d'accusation) pour servir de contre-poids au ministère public qui doit être l'agent du pouvoir; mais, dans tous les cas, c'est une nécessité de premier ordre d'introduire ce rouage indispensable dans notre administration judiciaire (*Tho*

effrayés jadis d'une institution qu'ils croyaient contraire à leurs principes de gouvernement, reviennent à une plus juste appréciation des faits; presque tous comprennent aujourd'hui que dans la poursuite il manque un élément d'activité indépendant de l'intérêt des parties, et qu'en présence de certains crimes la société, au nom de sa conservation, la justice, au nom d'une morale supérieure, doivent faire sentir leur action.

Si la législation criminelle anglaise est insuffisante pour la recherche des délits, elle ne laisse presque rien à désirer dans la rapidité et la sûreté de ses formes. C'est lorsqu'on la voit fonctionner à Londres que l'étonnement est grand; semblable à une machine admirablement construite et où l'art se serait partout dissimulé, on serait tenté de croire le tribunal du juge unique dépourvu de toute action, tant les instruments qui le composent sont peu nombreux et peu apparents: un secrétaire qui tient la plume, quelques officiers de police qui assurent l'ordre dans une salle étroite remplie par une foule curieuse. Rien de tout cela n'impose à l'imagination; mais qu'on demeure quelque temps au milieu de cet auditoire compacte, qu'on suive avec attention les débats, qu'on écoute la parole grave du magistrat, sa voix calme et froide, qu'on observe cette

*British Constitution*, 1861, p. 329-330). C'est dans le même sens, et avec non moins d'autorité, que M. Mittermaier juge l'absence de ministère public en Angleterre. (*Progrès de la législ. allem.*, Compte rendu de l'Acad. des sciences mor. et polit., XXIX, 57.)

recherche patiente de la vérité, et l'on sentira toutes les préventions qu'on avait apportées dans l'audience s'évanouir devant ce bon sens et cette impartiale équité.

A quelle cause doit-on attribuer une telle modération? Est-ce au désir de devenir populaire dans le quartier qu'il habite, ou bien à la publicité qui contrôle tous ses actes? Ne serait-ce pas peut-être simplement à la liberté d'esprit que laisse au magistrat le temps qu'il peut consacrer à chaque prévenu[1]?

Il y a là bien des questions à poser, bien des problèmes à résoudre; mais quel que soit un jour l'essai qu'on tentera dans notre pays, l'expérience de vingt années ne peut être indifférente à un observateur attentif, et tout en admettant la différence des mœurs publiques, des idées et des usages, on y trouvera toujours un grand enseignement et d'inépuisables exemples.

1. Quelques chiffres indiqueront l'importance de ce point de vue. Il y a 63,000 personnes arrêtées chaque année dans Londres. Les treize magistrats qui les jugent en examinent chacun pendant sept heures d'audience une quinzaine; il est facile de voir combien leur tâche est aisée et leur temps peu rempli. Sur ces quinze individus, sept sont acquittés après de courtes explications. Restent huit prévenus à juger en cinq heures environ, ce qui fait trente-cinq à quarante minutes par affaire. On voit combien cette division en treize tribunaux est favorable à la bonne administration de la justice, puisqu'elle permet d'employer à examiner chaque affaire un temps cinq fois plus considérable que ne peuvent y consacrer à Paris les tribunaux de police correctionnelle.

PARIS. — IMPRIMERIE DE J. CLAYE, RUE SAINT-BENOIT, 7.

www.ingramcontent.com/pod-product-compliance
Ingram Content Group UK Ltd.
Pitfield, Milton Keynes, MK11 3LW, UK
UKHW021129230726
13926UKWH00002B/684

9 782016 127551